odes femininas

jorge morais

CONSIDERAÇÃO LEGAL

À semelhança dos livros anteriores, a decisão de usar as imagens que acompanham os poemas foi feita com base nas seguintes linhas da Declaração de Direitos e Responsabilidades do Facebook:

1. Relativamente a conteúdo abrangido por direitos de propriedade intelectual, como fotografias e vídeos (conteúdo PI), concedes-nos especificamente a seguinte autorização, sujeita às tuas definições de privacidade e aplicações: concedes-nos uma licença não exclusiva, transferível, passível de sublicenciamento, isenta de direitos de autor e de aplicação mundial para utilizar qualquer conteúdo PI que publiques no Facebook ou relacionado com o Facebook (Licença PI). Essa Licença PI termina quando eliminas o teu conteúdo PI ou a tua conta, exceto se o conteúdo tiver sido partilhado com terceiros e estes não o tenham eliminado.

(...)

4. Quando publicas conteúdo ou informação utilizando a definição Público, estás a permitir que todos, incluindo pessoas exteriores ao Facebook, acedam e utilizem essa informação e a associem a ti (por ex., o teu nome e foto de perfil).

Como tal, o seu uso é feito com base em boa-fé. Não há intenção de infringir os direitos legais de qualquer pessoa e mediante pedido o conteúdo on-line será apropriadamente corrigido.

...
adolescência presente
maturidade adiada
espelha no corpo
formosura ostentada
saliências perfeitas
em seios transformados
que dias passados
serão pão serão vida
em seiva transformados
anseio de graúdos
fonte de nados
sopras ao vento
plumas encantadas
questionas o tempo
num esvoaçar
de penugens amofinadas
e vês que a flor
de beleza ostentada
lhe basta uma exalação
para passar de perfeição
a nada

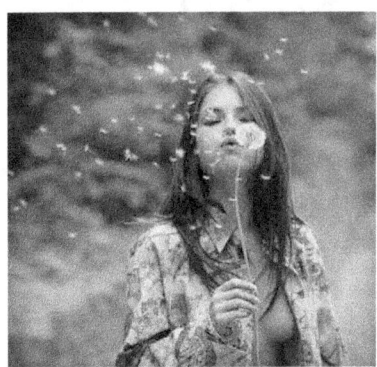

…
aí narras
quantas amarras
te atormentam
quanto sonho aí lavrado
amores tidos
mal resolvidos
chagas abertas
já conformadas
depois estimulas
e aí guardas
neste livrinho
diário chamado
que após publicado
se tornará num best-seller
aclamado

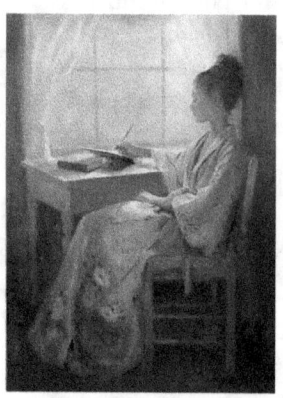

…
ambas belas
aveludadas
curvas torneadas
expõem espinhos
em vidas comparadas
por vezes mal calculadas
do sopé até à beira
que bem sabe
que bem cheira
silhuetas prometidas
brincam às escondidas
numa brincadeira
qualquer
seja bela
enquanto bonina
rosa enquanto flor
corpo enquanto mulher

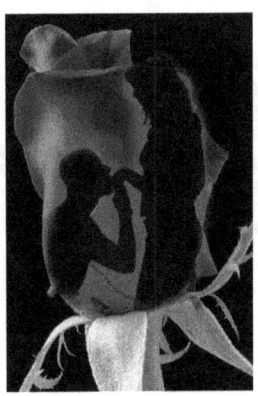

...
ambiente perfeito
deveras acolhedor
lareira que se acende
dando calor
um tinto engarrafado
com elevado teor
demasiado encorpado
deixa seu odor
melodia ambiente
num trinar de guitarra
exibe a alma da gente
cujo chão não lavra
botelha vazia
dois corpos estendidos
se amam na noite
por demais descomedidos
querem-se gozados
urdidos

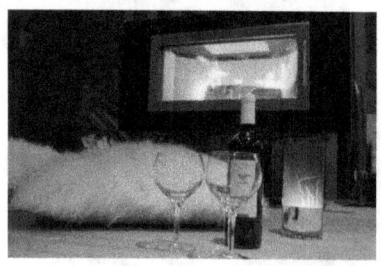

...
amor ardente
chama contida
jogo presente
sexo explícito
corpos sedentos
em brasa
brava
ardentes
fogo que arde
relação quente
mentes perversas
palavras contidas
censura presente
fotos escondidas
crises alteradas
vivas
lume audaz
fogueira ateada
imaginação luzente
conceção
resplandecente
memória acesa
incandescente
labaredas ardidas
corpos
gentes

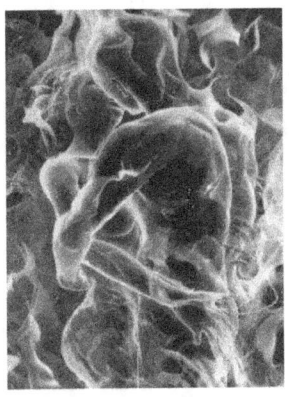

...
anjo cansado
demais acordado
voado
num sonho sonhado
onde era pássaro
premiado
papoila em riste
sinal de liberdade
que a todos
assiste
em bela união
não fosse a flor
prostrada na mão
que perfume inala
deixa na sala
sagrada união
entre um par de asas
numa larga
imaginação

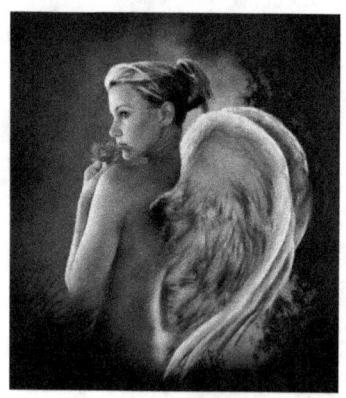

...
aprisionada foste
por um delito
não cometido
só serás libertada
quando consumada
for o que te condena
que foi lavrada
e sentenciada
e com paciência
se usares a sapiência
tirarás proveitos
da mesma penitência

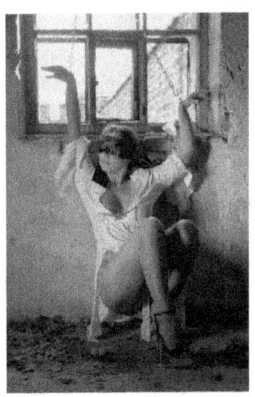

...
árvore da vida
mulher pintada
representa força
natureza formada
que arranca da terra
pesada
mãe simbólica
planeta adorado
que põe rebento
futuro assegurado
sendo remédio
para pulmão curado

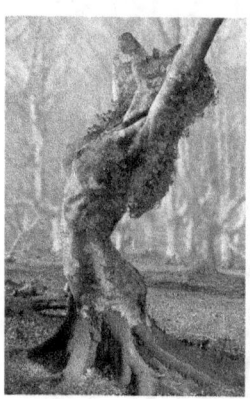

...
asas perdidas
cansaço marcado
no chão estendida
ali ao lado
exaustão expressa
hidropisia desmedida
sonho parado
vontade perdida
jaz no solo
esfalfamento descrito
no voo eterno
de um vermelho
proscrito
exilada permanece
no devaneio imaginado
deportada fica
sem voo voado
num paradoxo
entendido
como sonho sonhado

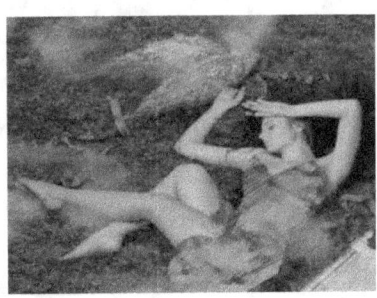

...
assim te vejo dobrada
de seres e pensamentos
de partilhas e dádivas
de sonhos e desejos
o mundo cinge-se
a esta bola brilhante
conhecedora da imaginação
arte da previsão
futura
tudo se resume ao quarto
onde vives
tela de projeção
cinematográfica
onde os sonhos se tornam
imagens
em parede branca
aí sim o mundo é só
teu

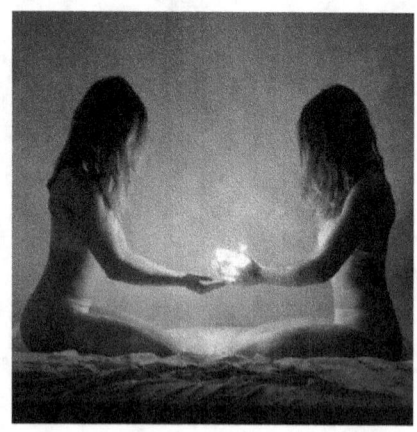

...
banheira repleta
leva à certa
corpo cansado
que nela esticado
se relaxa
de copo na mão
de uma degustação
de baco falado
borbulha em suma
cuja branca espuma
deixa bolhinhas
uma a uma
tapando um corpo
que a muitos espanta

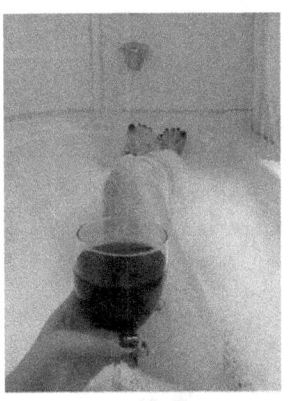

...
beleza estonteantemente
imaculada
cabelos fogo
que imolas teu corpo
assentada estás
deixando transparecer
o suave seio
com que alimentarás vida
rara pulcritude
num misto de vermelho
e creme ameno da tua pele
que suavemente acaricio
com minhas rudes mãos
nesta perfeição chamada
de imaginação
contornos pintados por um pincel
cujos pelos se unificaram
para delinearem linhas perfeitas
de costas te postas
escondendo o púdico
que de frente escondes
apartando os cabelos
miras à espera de alguém
que tarda em vir

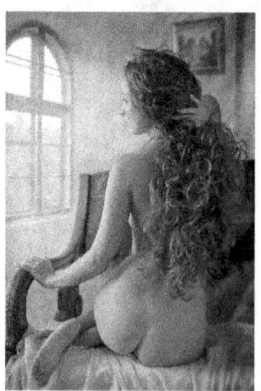

...
beleza plena
cuja alvura
magoa a visão
nu desenhado
na ponta do pincel
davinciano
junção irrepreensível
artistas pensados
corpo de seda
das índias transportado
joia de marajás
claridade inteira
filigrana cor de pele
fragilidade patente
estonteante brilho deixado
se fossem todas as coisas
tão perfeitas
o globo seria deveras
redondo

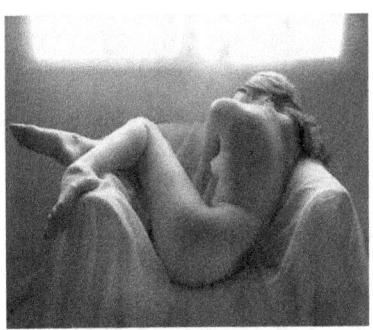

...
beleza prateada
se quer sentada
lua perdida
cuja noite reflete
por vezes aquece
parecendo perdida
olha as estrelas
de luz possuídas
enquanto ela
na água espelha
a claridade
recebida
dizem os anais
que noites iguais
só terão excelência
se sua formosura
se postar para que a noite
não seja escura

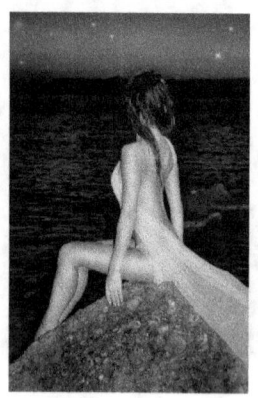

...
bibliotecário me fiz
nas prateleiras
da minha mente
te procurei
coisa rara
edição exclusiva
das folhas gastas
saliva pus
para te poder folhear
e ver-te
qual fantasia veneziana
carnavalesca
a incógnita me faz
mais tempo gastar
para decifrar teu rosto
escondido atrás
de mascarilha posta
já que no real
me ignoras

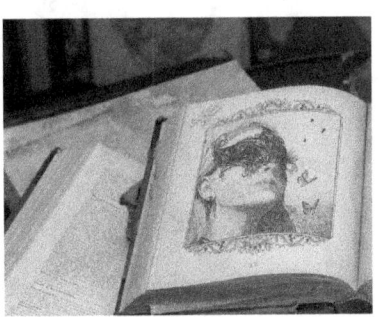

...
bigorna atrevida
no chão fixada
traz à medida
matéria explosiva
que elaborada
transforma-se em mulher
querida
que se quer
moldada
mestre do ferro
de malha na mão
martela forte
com convicção
porque a obra
que elabora
a faz com paixão

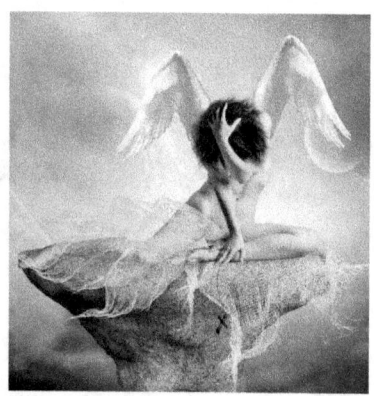

...

bondage feito
corpo molhado
traz prazer
pendurado
em cordas envolto
corpo sacrificado
alternativas buscadas
por sonhos inexplorados
dão satisfação
duma alucinação
de desejos
procurados

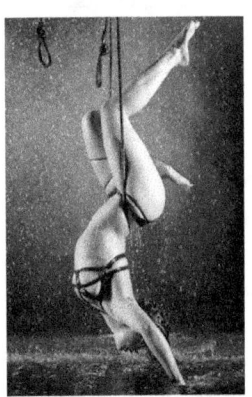

...
cenário montado
círio aceso
pavio queimado
cera feita
corpo desentrapado
se ajeita
para receber vela
desfeita
parafina tida
em jogos sensuais
invoca pecados carnais
chamados de coisas imorais
que depois de descobertos
se tornam normais
sensações queridas
cada vez mais
pelo comum dos mortais

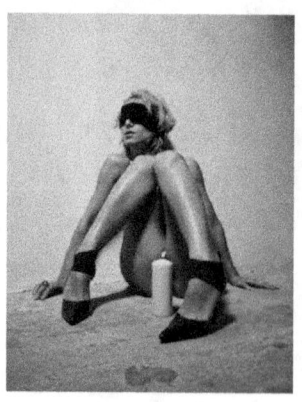

...
chocolate cor
delícia mostrada
de um fino toque
cobras que injetam
seu veneno
no leito prostrado
numa aurora boreal
após noite louca
de degustação
cacau puro
peça genuína
mãos que a trabalham
lábios que o provam
elixir a possuir
sorte mostrada
de quem tal cacaueiro
diz ser pertença
sua

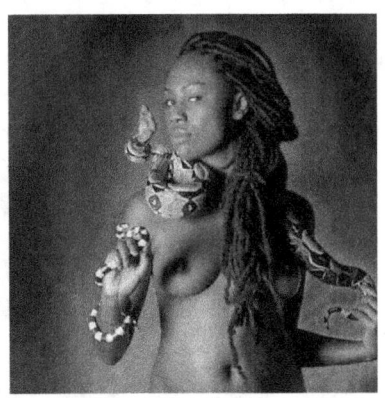

...
ciúmes sinto
destes pingos de chuva
que ensopam teu corpo
que o envolve
e o acaricia
que percorrem
teus fios de cabelo
um a um
que serpenteiam
teus seios
e cascata fazem
ao passar na tua entrada
cavernosa
ciúmes tenho
destas gotas
que ao caírem
se juntam às lágrimas
que de teus olhos deslizam
engrossando o caudal
e fazendo parecer
que te afogas
ciúmes tenho
dos ciúmes que sinto

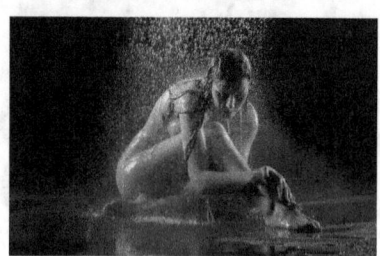

...
como pode uma pena
sendo assim tão pequena
desencadear tanto querer
se por uma mão sabida
pelo corpo for descida
ou por ele subida
será louco gozo ter
porá a pele arrepiada
e toda ela desejada
preparada para entreter
trazer loucos desejos
envoltos em húmidos
beijos
provocando excessivo
prazer

...
como presente
a vida me brindou
com a beleza do teu corpo
casto e curvilíneo
sedoso e perfumado
perfeito globo narrado
que por mim será demasiado
estudado
romã simbolizado fruto
pronto a ser degustado
veludo estendido
acariciado
ao que as mãos não tocam
impõem-se a carga
imaginativa
numa orgia pretendida
a reação à deceção
me coíbe de abrir
esta prenda

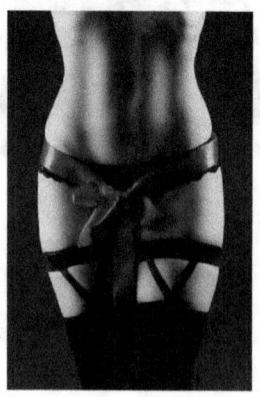

...
confissão expressa
dita sem pressa
que o tempo não conta
porque o pecado
imaculado
mora ao lado
e por acaso desponta
tela montada
sem estar pintada
inspiração não chega
de olhos cerrados
procura vultos
enterrados
que a manta
aconchega
fantasia não vem
não há que desesperar
sentar esperar
e acreditar
na capacidade
que se tem

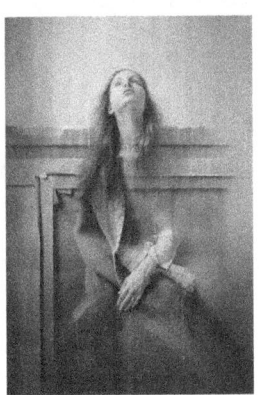

...
conjugação perfeita
que muito se ajeita
entre pétalas
e espinhos
duas coisas irrepreensíveis
cobertas de mimos
quem não as quer
nas mãos as ter
para delas tirar
prazer
ambas aveludadas
de tatos suaves
se comparam
ao esvoaçar das aves

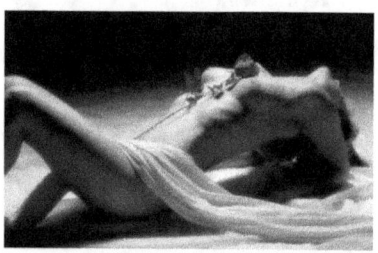

...
coração congelado
para que seja amado
e não esquecido
se quer acautelado
mesmo que imaginado
arrefecido
transparente se mostra
há quem não gosta
por nada esconder
por isso te sentas
quando o acalentas
junto ao teu corpo
guardas
para que colado a ele
acabe derretido

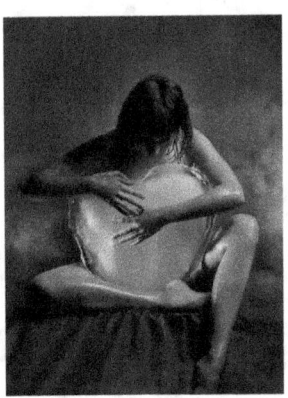

...
corpo amordaçado
por demais cansado
no chão molhado
se encontra prostrado
com ar consolado
num êxtase
patente
que leva a gente
a um belo sonhado
ter estado presente
nesta bela iguaria
que qualquer queria
ter participado
se deixa adormecer
num entardecer
já noite chegada
fazendo o amor
coisa premeditada
prazer sentido
por demais querido
realidade outrora
anunciada

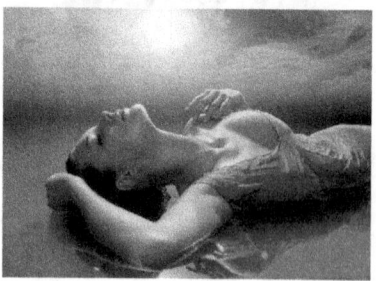

...
corpo em formação
seios esbeltos
contornos perfeitos
ilha selvagem
maré que sobe
e alaga
turbante de seda
lantejoulas penduradas
missangas estendidas
por peito desnudo
num murmurar de onda
que sabe tudo
viagens perdidas
caravela naufragada
traga dança do ventre
congenitamente
se mostre apropriada
porque na face se mostra
vontade exposta
em boca calada

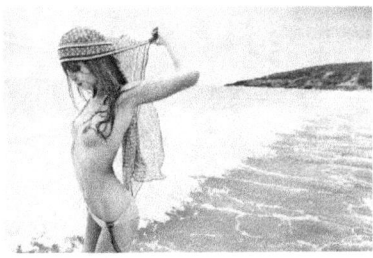

...
corpo molhado
silhueta exposta
mamilos hirtos
auréola vidente
erotismo expresso
prazer excedente
num murmúrio
silencioso
remanescente
desejo concentrado
sonho presente
veracidade contida
na mente
luxúria declarada
na imagem retratada
camisinha embrulhada
num corpo esbelto
por demais ensopada
deixando estonteada
a gente

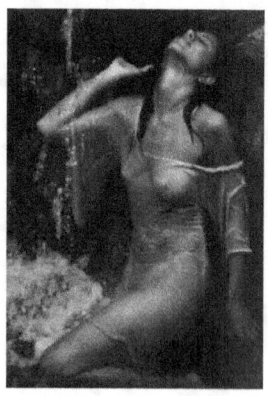

...
corpo translúcido
se mostra lúcido
na forma de estar
quão transparente
se sente presente
ao olhar
silhueta percetível
se mostra visível
imaginar
mas não permite
tocar
diáfano marcado
deixa de lado
um bem querer
sabendo que o esboço
parecendo moço
é sem dúvida
de mulher

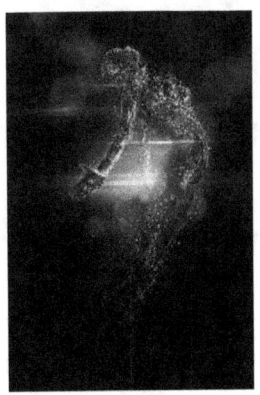

...
corpos igualados
outrora trocados
hoje se juntam
passadas barreiras
descobrem-se maneiras
de um amar igualitário
que muitos condenam
como se o prazer
não fosse prioritário
físicos que se conhecem
melhor transparecem
prazeres tirados
seres que procuram
somente serem amados

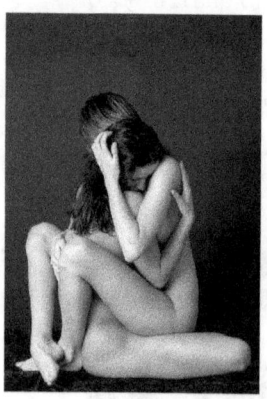

...
cristalina se quer
água tratada
em balde cheio
entornada
lavando tão bela formosura
que a torneira se abra
e o líquido corra
colando silhueta
escondida por baixo
de camisinha branca
de algodão pura
que o fresco banhar
contornos exponham
deixam realçar
belezas escondidas
tomara que esta lavagem
perdura

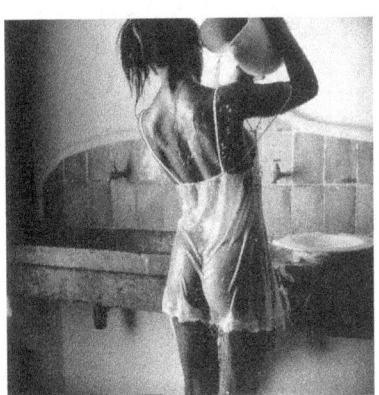

...
dança sensual
de rosa na mão
assim se despe
na perfeição
num lusco-fusco
de ocasião
se aventura na profissão
aos poucos e poucos
a roupa tira
como é normal
na ocupação
desnuda fica
na propositada escuridão
e no fim recebe
ovação

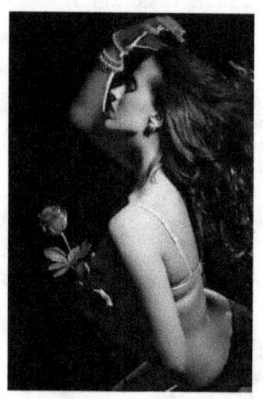

...
de bronze feita
da cor pintada
mulher beleza
ostentada
peitos hirtos
espetados bicos
membro tatuado
deixa no ar
um eterno sonhar
em tão belo cortiço
penetrar
desflorar segredos
desvendar enredos
numa excelência
a procurar
cabelos ondas
águas revoltas
a navegar
espelham um corpo
que nunca será demais
perpetuar

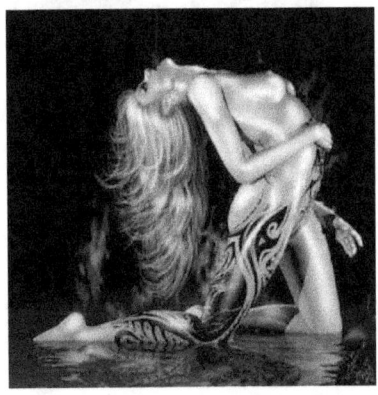

...
de látex te vestes
deitas-te e despes
mentes ocultas
num trajar atrevido
assim manipulas
certas criaturas
um pouco dementes
que inconsequentes
se julgando eloquentes
te procuram
serão bem falantes
mas que em certos
instantes
a volta lhes dás

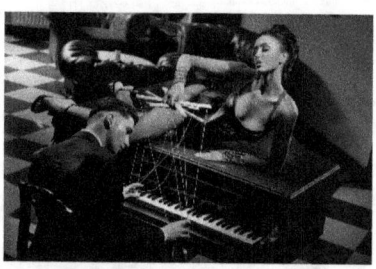

...
de noiva vestida
assim atrevida
não se quer proibida
casta permanece
tendo sido prometida
e agora estendida
como coisa adquirida
a promessa questiona
se valeu a pena
se ter mantido dona
pecadora pensante
que a mente violou
virgindade desflorada
por não ter hímen
muito se questionou
porque em corpo
esta nunca pecou

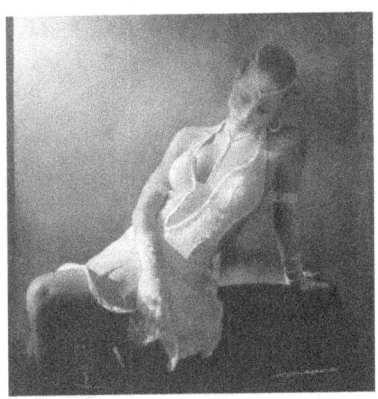

...
de pecados te lavas
de roupa te despes
preconceitos molhados
deixas afogados
sentimentos desvendados
num mar de chuva
do céu caída
mistura-se no sal
temperando por vezes
uma saída
que caiam as nuvens
todas do firmamento
em forma líquida
que pouca parece
a que ora tomba
porque quem padece
de alma escura
somente engrandece
ou se esquece
de se sentir lavada
pura

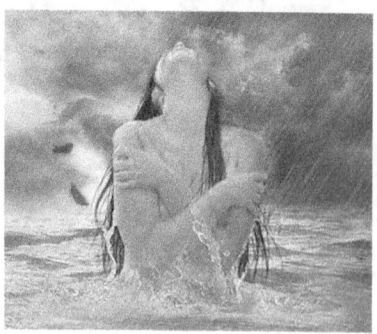

...
de pérolas se veste
e por elas se despe
noites sem fim
o corpo expõe
e à mercê se põe
de quem dinheiro detém
dela se servem
sem apreço
pelos serviços
que dela obtêm
pondo ela o seu preço
dos prazeres que vende
e que ela não tem

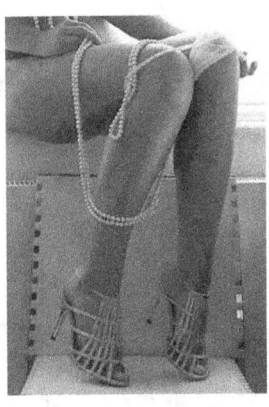

...
de rosto rasgado
pelo tempo envelhecido
se quer marcado
um frontispício vivido
que narra a história
bela ter sido
em livrinhos publicados
com fotos coloridas
fazem agora
com que sejam
esquecidas
o que outrora foi
um ícone de beleza
hoje se mostra
tristeza

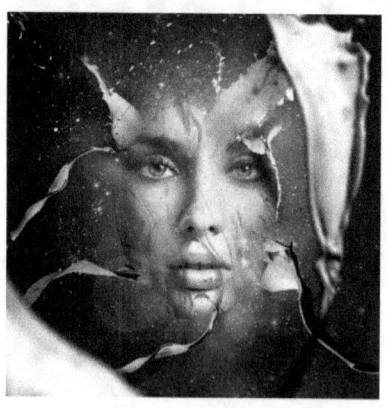

...
de tinto vestida
tom incorporado
uva madura
de vinho tratado
baco chamado
deus falado
que fez esta bebida
sabor sagrado
na boca do homem
devorado
uva perfeita
que se ajeita
colhida ser
depois de bebida
se vem a ver
que quer ser comida
a uva
do prazer

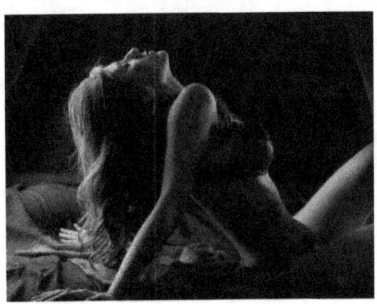

...
de véu vestida
numa dança perdida
em casa abandonada
de móveis vazia
eivada de sensualidade
esconde preconceitos
com certos trejeitos
cujos pés nus
pelo chão desliza
como uma louca
olvida a roupa
liberta se sente
se mostra bela
feita cinderela
sem a presença
de gente

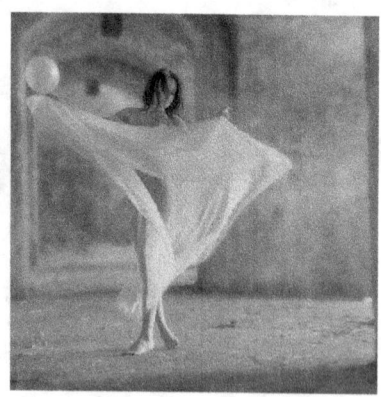

...
de véu vestida
vê-se envolvida
solenidade de deleite
beleza adquirida
quando nascida
quer se queira
ou não
completa visão
cuja apreciação
nos faz indagar
se a autossatisfação
será bastante
para que se possa
satisfazer
e de ninguém mais precisar
para tirar prazer

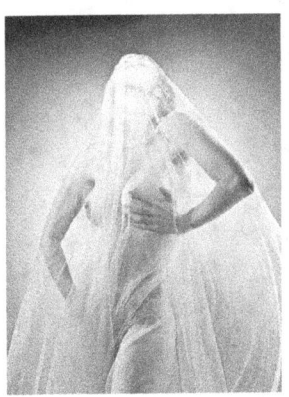

...
delicadeza pura
sensualidade mostrada
arte de despir
peça a peça
desnuda-se fruto
proibido
pecados de infância
corpo de mulher
silhueta exposta
vislumbrar de sonhos
e desejos
um emaranhado
de sentimentos ocultos
a descoberta
entre o belo
e o imaginário
o pudor desmistificado
num strip tease
perfeito

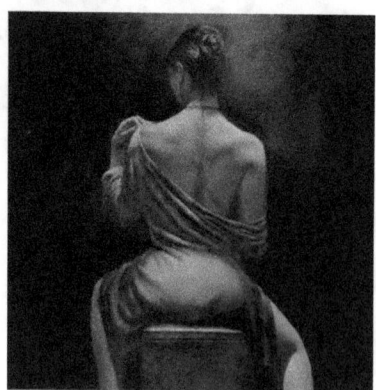

...
desentendimentos
causam sofrimentos
conversas prescritas
tapumes soldados
gázeas tapadas
ocultam vistas
paredes tabicadas
trazem ocultadas
verdades previstas
sem entendimento
perdem-se conquistas
e o que eram descobertas
deixam de ser coisas
realistas

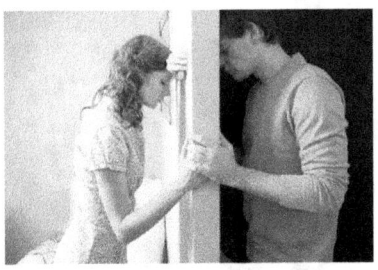

...
desiludida se sente
no chão jogada
julga-se demente
não pensa em nada
numa situação
que a deixa molhada
à rua foi atirada
já nada pensa
já dispensa
até pôr em causa
porque se sente
abandonada
quando outrora
haverá sido
adorada

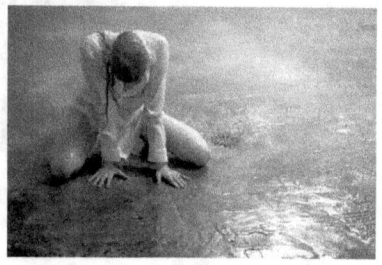

...
dilema presente
vénus escondida
mantém na mente
pressão exercida
num gesto de ballet
no chão estendida
põe a ponta do pé
numa roda viva
silhueta latente
esconde da gente
pecado encoberto
e deixa de certo
na imaginação perdida
que a mulher
seja a melhor
coisa da vida

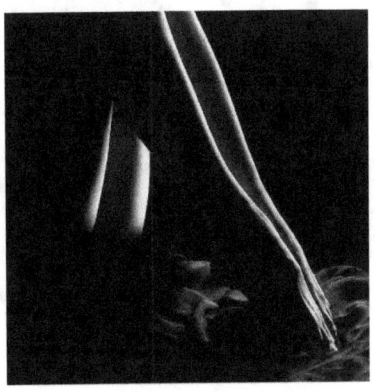

...
em cadeira se ajeita
e se deleita
em biblioteca privada
cujos livros narram
histórias encantadas
de amores galardoados
príncipes encantados
e ela princesa
se julga heroína
cerra os olhos
sonha acordada
pede a quem assista
que na adorna narrada
vejam ela como a
protagonista

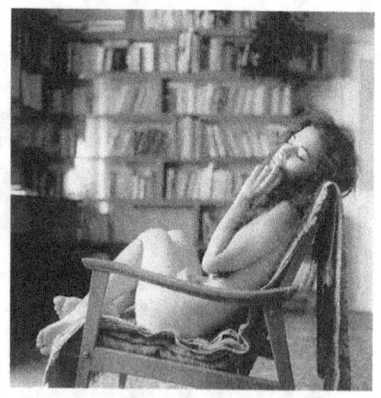

...
em celha lavada
porém perfumada
esbelto ser
se vê fechada
articulada
numa pana qualquer
assim preparada
ainda molhada
refeição adornada
ao natural se quer
repasto assim colocada
em cama ornamentada
será degustada
enquanto mulher

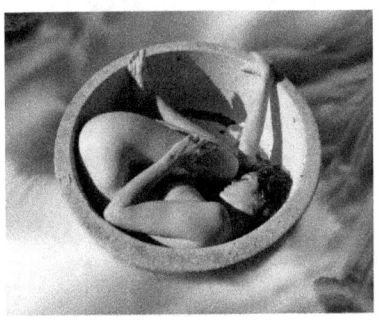

...
em escadas jogada
desalentada
infortúnio chora
vê-se abandonada
mesmo desnudada
parecendo tresloucada
nesta hora
corpo irrepreensível
de elevado nível
não entende agora
porque se sente abandonada
assim rejeitada
e não se vai embora

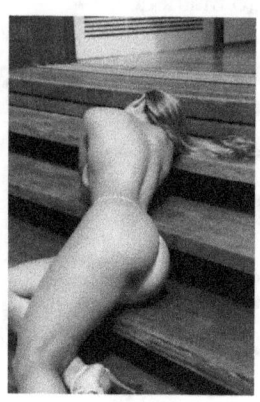

...
em parapeito sentada
janela fechada
sem saída
se veem silêncios
gritados em momentos
guardados agora
num puro sentimento
que se preservou
desde outrora
seja singela
mesmo que bela
tristeza patente
de uma donzela
que se sente

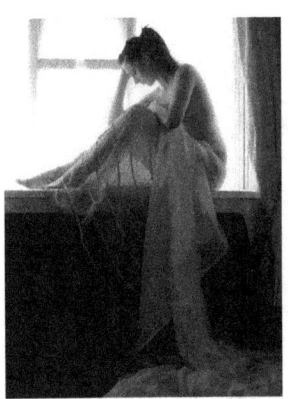

...
enigmática se mostra
e se posta
prenda dada
numa sensualidade
aposta
que haja quem gosta
de coisa ofertada
que beleza não cansa
nos preparos avança
quase desnudada
sua face tapada
não por vergonha
a sensualidade
provoca
espera que o imaginário
não seja primário
e a trabalhar ponha

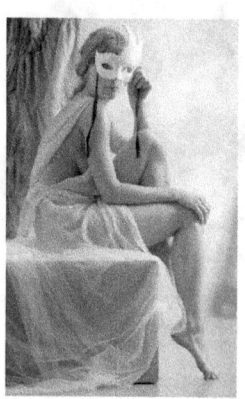

...
escolha perfeita
corte calculado
espelha na tela
pedaço desejado
comensal que beija
que diz que ama
que muito reclama
pelo seu amado
troca os lábios
com lábios trocados
que levam mimos
já molhados
entrada semiaberta
que de forma discreta
recebe línguas entrelaçadas
que as deixa entrar
permanecendo
lá deitadas
boca que inala
por demais calor
jamais se cala
de me chamar
de amor

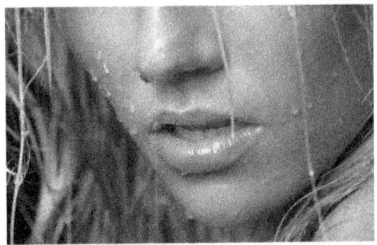

...
esculpiste-te
a ti própria
bela te fizestes
qual meu pensamento
te desenhou
perfeita
obra de arte
de artista
desaparecido
sem deixar lavrado
nome na peça
cunho pessoal
qual requinte
se assemelha
à perfeição suprema
de martelada
em martelada
te vais autocriando
e fazendo aparecer
na ponta do propósito
o que sempre ansiei
e a realidade
num sonho
que sempre sonhei

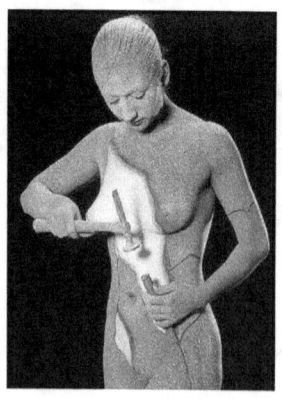

...
espelho partido
sete anos de azar
um amor prometido
que tarda em chegar
beleza eloquente
que teima acreditar
que para o reflexo
não deve olhar
presunçosa não fosse
na formosura tocar
jamais precisaria
de no modelo abordar
e assim deixaria
o tempo passar

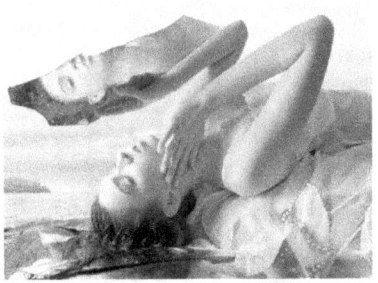

...
espelhos que refletem
verdades concretas
que despertam
e alvitram
muitas descobertas
se alguém se descuida
e deixa
portas abertas
propositada ou não
a verdade não se quer
é uma alucinação
um nu de mulher
toalhas branqueadas
soltas até
trazem soberbas
o belo que é

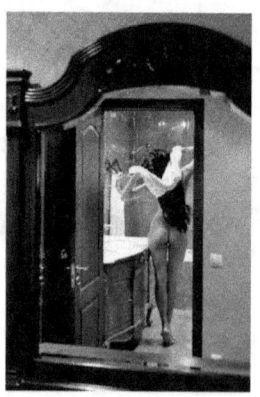

...
espera demorada
em praia deserta
por quem na certa
do astrolábio se perdeu
apercebendo-se
que na crista das ondas
não veio
de olhar fixo
que no horizonte
se encanta
exibe-se na praia
não haja alguém
que vá
no google mexer

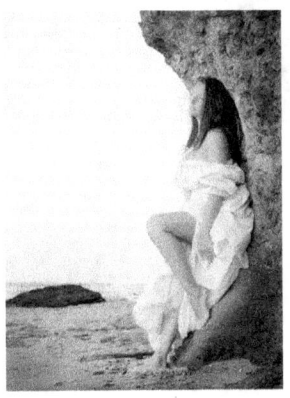

...
excelência vestida
de pérolas brilhantes
de conchas tiradas
em marés vazantes
se mostra prostrada
em pedra deitada
assim explanada
à espera de viajantes
deusa perdida
seu corpo oferenda
para quem deseje
assim uma prenda

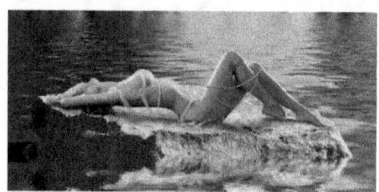

...
executiva de top
administradora de primeira
lhe impuseram um stop
um fim de carreira
em solar vivente
piscina ajardinada
carros de luxo
de alta cilindrada
eram privilégios que tinha
em vida passada
que a distinguia dos outros
sendo mesmo poucos
os que outrora mandavam
veio uma lei
que tudo mudou
cuja justiça se existe
não sei
a realeza se vê agora
sem morada
atirada à rua
vive presente em escada
sentada

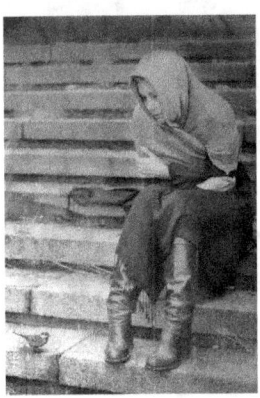

...
êxtase completo
olhar penetrante
deixa antever
que o prazer
não esteve distante
corpo esbelto
cabelos suados
deixaram os polos
transpirados
estrada ocular
deixa transparecer
que ficou ainda algo
por fazer
e num arrebatamento
na face exposta
deixa no ar
que o sexo
é coisa que se
gosta

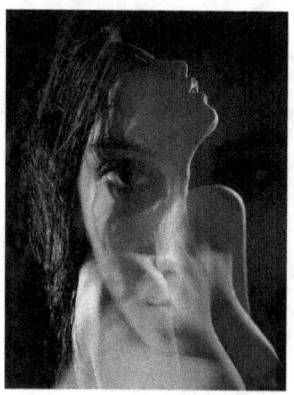

...
felino olhar
parece procurar
algo interessante
enfeitiçando
um simples mirante
traz um segredo
dito degredo
de algo esperar
com uma luminosidade
de encantar
amêndoas doces
quem dera que fosses
na minha direção
ficar

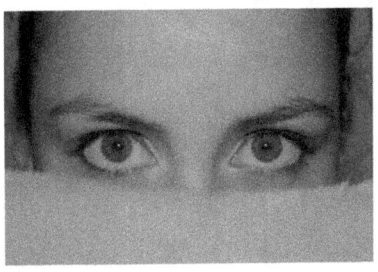

...
felino olhar
gata selvagem
mistério presente
mulher desejo
rompendo em beijo
oculto sentir
fixação perturbante
incógnita assente
luxúria gritante
imaginação fortuita
enigma inquietante
fera astuta
fantasia fértil
utopia sonhada
caminhada feita
procurando o segredo
estrada calcorreada
em busca do sonho
em busca do nada
por dois olhos
numa face
fixada

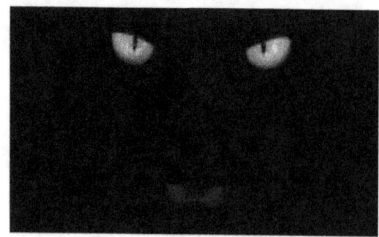

...
fetiche presente
gata assanhada
de chicote em punho
ser dominante
impõe à individualidade
ser subjugada
numa ética rígida
de sexo perverso
se veste de negro
pele rasgada
íntimos malvados
ao ápice vem
demonstrar a ousadia
que a gente tem
alternativas fazem
procura constante
fazendo a pesquisa
em tabloides impressos
mostram os progressos
páginas inteiras
de natureza publicitada

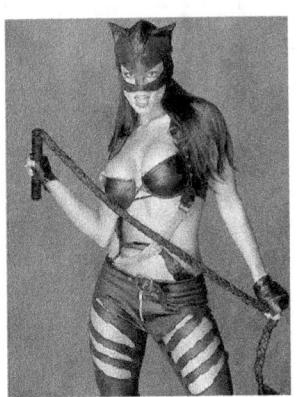

...
fogo posto
imaginação incendiada
perfeição visível
vénus realçada
triângulo púdico
suave bordou
beldade sedosa
contornos a explorar
aduelas salientes
corpo feito
perfeito batom
onde meus lábios
se pintam
de um ruivo tom
seios cerejas
de tanto acariciar
fazem com que não
queira
o deixar de explorar

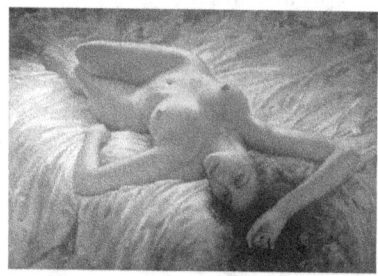

...
foi a lâmpada
que te trouxe
de um aladino encantado
projetou-te no ar
num fumo desvairado
numa dança de ventre
te mostraste perfeita
num holograma colorido
cuja vontade se aceita
que a ânfora se perca
e para lá não voltes
porque beleza desta
não se nega aos olhos

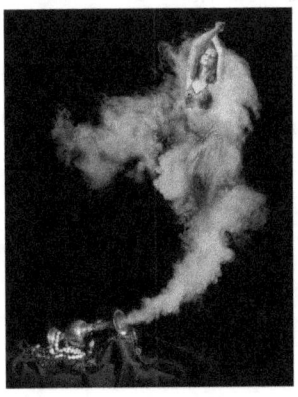

...
fosses tu
um falar modesto
e não este corpo
campestre
simples figura
desenhada
em ardósia partida
e não esta beleza
endeusada
desmedida
tivesses na cabeça
terra
e não este oiro
exteriorizando
beldade contida
tivesses peitos disformes
e não estes adornos
talhados
por medida
fosses tu
algo a fazer
e não esta louca fonte
de prazer
e saberia o que iria
acontecer

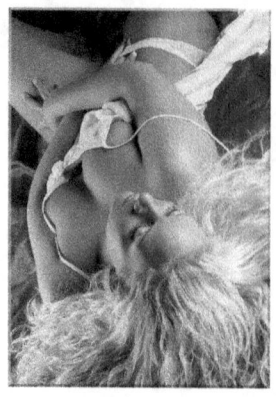

...
gata assanhada
cio presente
ciúme nos olhos
escolha a tempo
geração assegurada
mias ao luar
passeias esbelta
de rabo no ar
negra vestida
pelo aveludado
num olhar penetrante
de azul pintado
rosnas envolta
de alguém amado
bichana carinhosa
que amor reclamas
recebes carinhos
de quem tu amas
paramos um pouco
para pensar
quantas gatinhas
sem olhos de mar
amor à noite
estão a reclamar

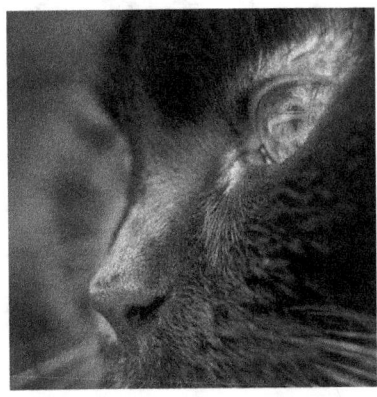

...
grilhetas postas
em mãos delicadas
quebram-se correntes
amaldiçoadas
vidas presas
promessas feitas
em altares floridos
juram-se fidelidades
a maridos
que por crenças
dadas
em crescimento feito
fugir da união
não tem jeito
mesmo que a aliança
tenha nascido
com defeito

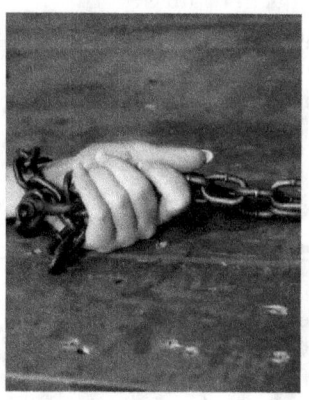

...
hoje porque é o dia
o teu dia
o dia da tua existência
enquanto mulher
te brindo do meu mais
profundo íntimo
te encho de beijos te possuo
e te quero como mulher
num enaltecer constante
pela beleza que és
fazer de ti um símbolo
a minha súmula
e jamais deixar
de te querer como concubina
fonte brutal
de prazeres incalculáveis
hoje te venero
e te presto homenagem
mulher

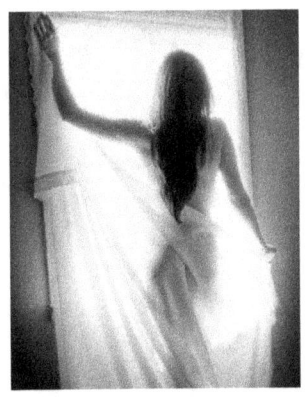

...
infância passada
sozinha brinca
despreocupada
sabendo de antemão
não estar a ser vigiada
descuidadas recordações
expostas recreações
que a mente não omite
recordar o passado
quem não merece
numa brincadeira
que jamais
esquece

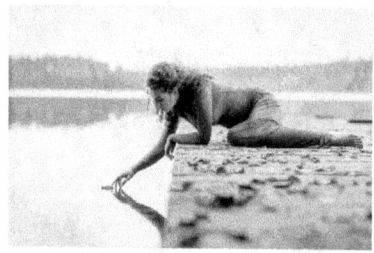

...
infanta
olhar enlouquecedor
onde me perco
vazio constante
profundidade
no contemplar
sorriso casto
magnificência
congénere
orgulho sentido
vontade gritante
amor presente
exposição persistente
auto ego patente
emerge e expõe
gente
oiro bordado
fio tecido
cabelo cortado
amarelecido
futuro presente
passado esquecido
dá-me esperança
o ter-te tido

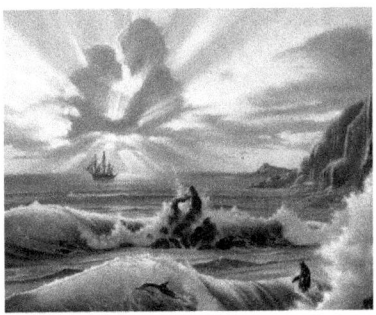

...
inocência escondida
numa harmonia
constante
pintada a boca
numa cor louca
da cor do botão
venda os olhos
com a tinta igualada
num rosa pálido
que o momento
convém
tremes de medo
por não conseguires ver
nada
anseias um beijo
que é teu desejo
de forma anunciada
que será o preliminar
para seres
desflorada

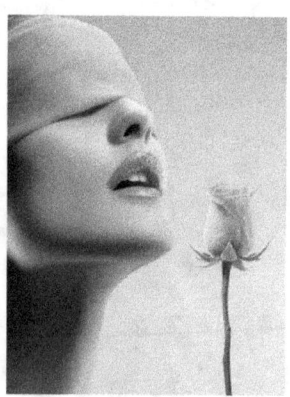

...
inocência precoce
flor encarnada
trava cabelo
pondera o medo
de face pura
em cabeça
ornamentada
de pureza vestida
descalça sentada
mira a lua
beleza encantada
perdida na noite
que o sonho se afoite
de uma infância
outrora sonhada
mulher já feita
talvez preparada
enfrenta o receio
que a via pelo meio
é meia vida
passada

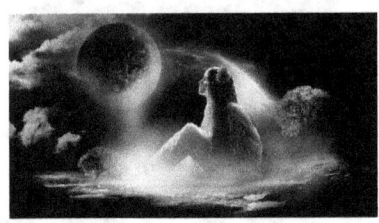

...
kata feito
levado a jeito
por uma beleza
que se quer
num corpo perfeito
realçando o peito
com dois pêssegos
ou outro fruto
qualquer
ilusão ótica
dá imagem gótica
num esvoaçar
que leva a pensar
não seja somente
uma deusa
ou uma simples
mulher

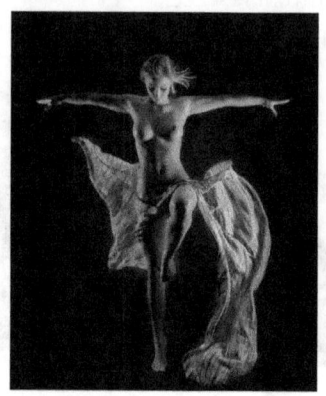

...
liberdade sentida
de forma fugida
molhada
cujos pingos de chuva
batendo no corpo
pregando-se na roupa
de uma só
assentada
cabelos corridos
em ombros erguidos
de cabeça levantada
para se ser feliz
por vezes se diz
ser preciso pouco
ou nada

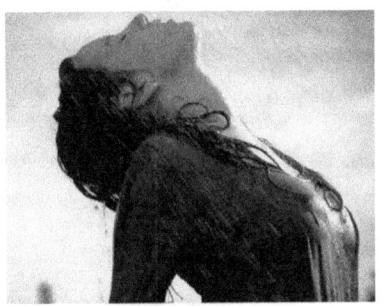

...
loucamente sensual
se despe do mal
e se prepara
num jogo claro
de sedução
se deleita e bamboleia
seu corpo vestido
de saia de renda
prenda apontada
se mostra prendada
de pérolas enfeitada
porque o sonho
acontecerá não faltará
nada
tempo de espera
recreio se mostre
o que vem depois
belo será
aposto

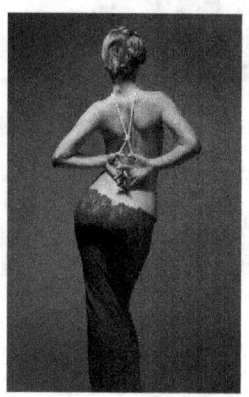

...
luta constante
existência esquecida
procura incessante
de uma recusa
entendida
eva perdida
ocupação recatada
luta travada
entre dois destinos
escolha difícil
dois caminhos
retrato de vivência regada
com pecados luxúrias
outra marcada
por dores lamúrias
por uma maçã
pendurada
vida calculada
opção adiada
paraíso presente
seja qual for
a preferência assente

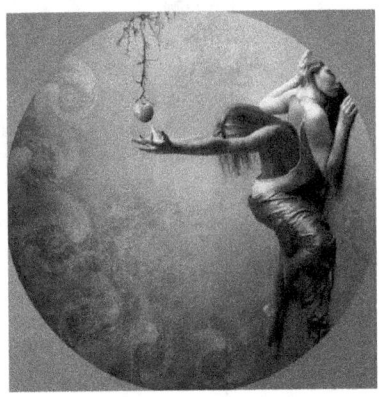

...
marchas na rua
de flor vestida
bolero sonhado
em lábio morado
numa sensualidade
viva
desfilas esbelta
perna comprida
no encarnado
escondida
cabelos ao luar
soltos no ar
que te dão
visão
desejada
proibida
mulher realçada
de maneira natural
fazes com que o desejo
seja coisa do mal

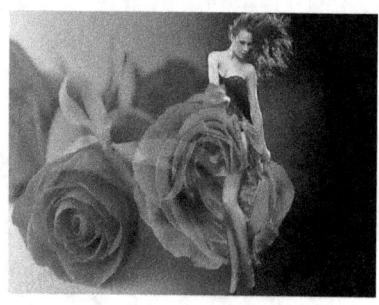

...
melodia perfeita
ecoa por entre as palavras
que escrevo
e te descrevo
corpo liberto
despido de prenoções
no silêncio calmo
das águas cristalinas
te banhas
atraente figura
sedutoramente bela
miras o céu na esperança
da estrela prometida

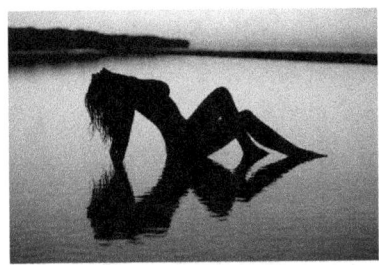

...
molhada te mostras
excitação plena
acaricias-te à chuva
numa masturbação serena
dos pingos que caem
feitos orgasmos
se entranham no corpo
pasmos
assombros sentidos
olhos fechados
se espalham nos cabelos
molhados
caída de joelhos
alagados
num êxtase constante
de sentimentos expressos
elevas demais
gemidos atordoantes
complexos
te deixas exausta
num momento qualquer
és fonte de prazer
mulher

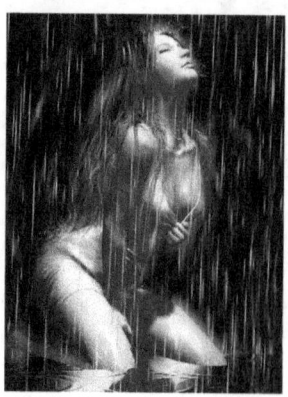

…
montes perfeitos
vales sonhados
torneados a jeito
num tom de carne
pintados
demonstram ter sido
explorados
ou não tivessem
no cimo
dois botões plantados
luxúria presente
com o infinito latente
mostra que a beleza
tem sempre
uma vertente

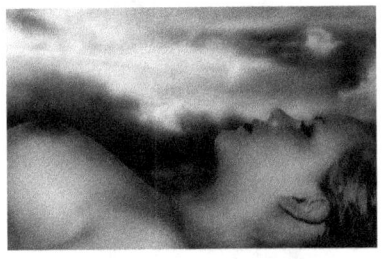

...
mulheres educadas
para serem servidoras
estão marcadas
para gentes afortunadas
que querem ser
possuidoras
de tratos especiais
além de anormais
se dizem pessoas
jamais alguém ouviu
delas quaisquer queixas
por isso lhes apelidaram
de gueixas

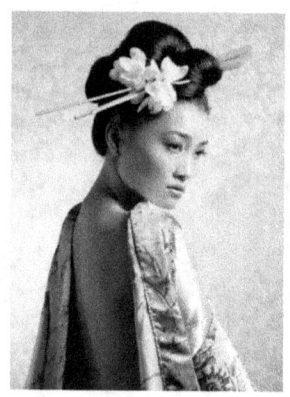

...
na areia pintas
coisas sucintas
que o mar leva
para quem não se atreva
testemunho deixar
num desabafo
que a faz acalentar
ninguém mais conhecimento
irá tomar
pois é na areia
junto à maré
que as passadas
rastos não deixam

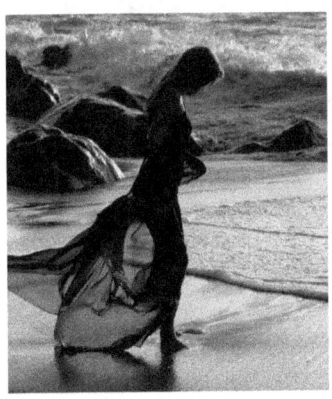

...
não sei se por deleite
te pões neste jeito
e olhas assim
de uma maneira profunda
que parece não ter fim
te mostras desta forma
que ninguém ignora
olhando nesta direção
deixar nesta janela
uma leve sequela
para que quem olhe para ela
tenha ciúmes de mim

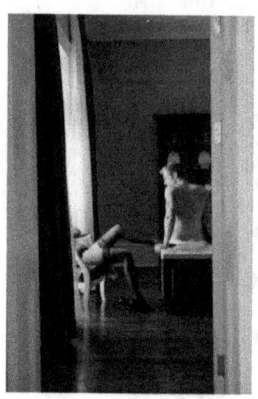

...
nasceste pura
e bela
gestação feita
nas entranhas da terra
vida sugada
seiva dos mais íntimos
minerais
esbelta joia
filigrana preciosa
umbilicalmente ligada
ao interior da matéria viva
raízes expostas
e num gesto
aqui estou
abres os braços
em forma de convite
no aqui me tens
e eu miro-te
boquiaberto
com tanta beleza
e não fosse o medo
de te gastar
fecundar-te-ia mesmo
dentro deste ventre
que te gerou

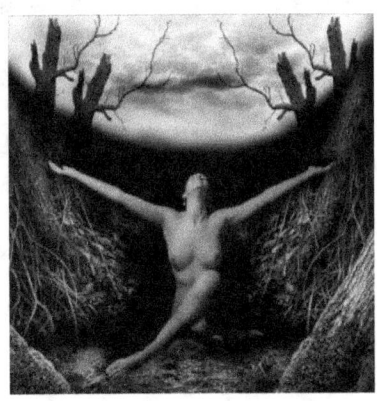

…
no chão jogada
mulher sentada
esconde olhar
muito marcada
fazendo do tempo
como se fosse
julgada
flores esquecidas
numa mão fechada
tapando o rosto
num choro desmedido
faz com o que fez
se tenha arrependido
rosa passada
na mão segura
flor cujo cheiro
não perdura
que o perdão
não seja senão
uma desculpa
para a forma encontrada

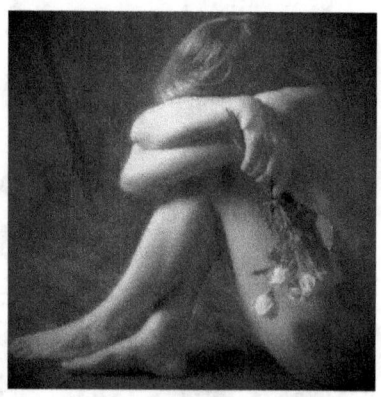

...
noite passada
balanço feito
diz-se amada
sem contrafeito
de alma lavada
e consolada
por um sexo perfeito
guarda noitada
sonha acordada
num contínuo desejo
mantem na boca
o sabor do beijo
sensualidade expõe
num fechar de olhos
brinda ao passado
que ontem presente foi
num sentir amargurado
que por estar sozinha
dói

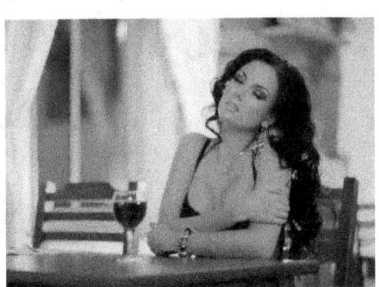

…
noite perdida
insónia presente
deixa-a desnoitada
atormentando a mente
quimera extraviada
num sonho presente
numa eterna espera
por alguém ora ausente
sedutora se mostrou
de íntima vestida
de tanta espera
amanheceu o dia
madrugada sofrendo
por quem ela queria

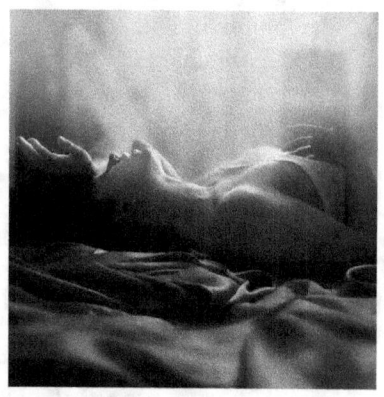

...
noite prateada
aluamento brilhante
ilumina mulher
beleza alucinante
pele macia
branca suave
banha-se à lua
porque a luz do sol
esconde a candura
cabelos dourados
soltos ondulados
completam silhueta
da sombra espelhados
de peitos hirtos
pela noite assustados
recebem oressa
quando acariciados

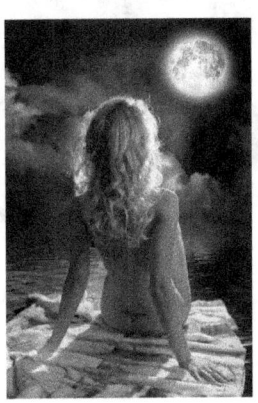

...
noites de insónias
passadas em branco
sozinha espera
causa espanto
um cigarro que arde
entretanto
no dedo projeta
aliança dourada
madrugada dentro
sente-se desamparada
numa cama que antes
se tinha por ocupada
o fumo se esvai
ele não vem
afunda-se nos pensamentos
que tem

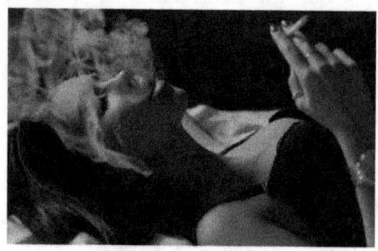

...
numa bola de sabão
colocada numa mão
uma menina se meteu
para que se pudesse proteger
do meio de tanta ilusão
não precisava de saber
como más as coisas
são
mas a curiosidade
é mais forte
e grande a tentação
pôs a mão de fora
e assim acabou
por rebentar com o balão
tendo de seguida apanhado
uma grande deceção

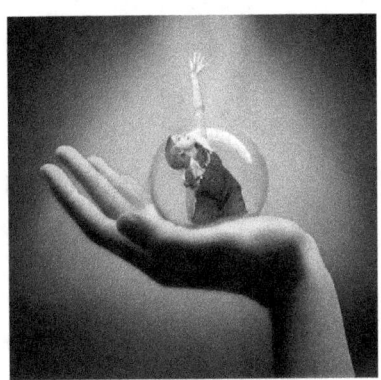

...
olhar distante
no mar procura
uma razão
para tal loucura
de negro vestida
retrata seu luto
sente-se perdida
pede ao lago que a escute
quem sabe uma deusa
no fundo adormecida
não lhe venha dar
alento para a vida

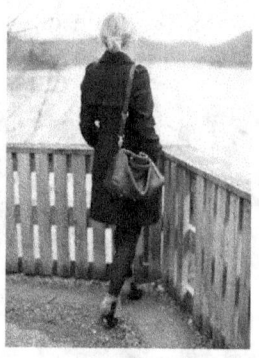

...
passo a passo
te despes
de tintas e guaches
de batons e perfumes
de pestanas e lentes de contato
de penteados e ganchos
de blusas e saias
de soutiens e fios dentais
e meias de vidro
que te fazem postar
em revistas sexualistas
pouco a pouco vais
ao encontro da tua
beleza natural
do simples e ancestralmente
pulcro
assim com o cheiro natural
do teu corpo
com a seda própria
da tua pele
com a cor natural
dos teus olhos
bela és quando estás
desnuda
que nem de espelho
precisas

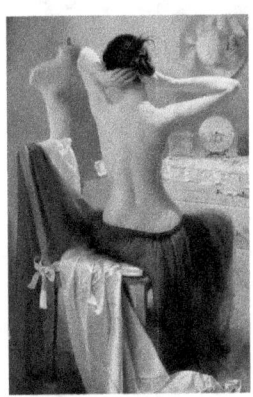

…
passos perdidos
pegadas assentes
miragens fixas
desnuda te mostras
calor que sentes
deserto dourado
que tem penhorado
o teu coração
vislumbra a vista
que o que alcança
são montes e vales
de areias de esperança
da morte te vais
sede que tens
se não a matais
e se o vento vem
varrerá o caminho
e não deixará sinais
por onde passais
e te perderás
nos vendavais
que a vida contém

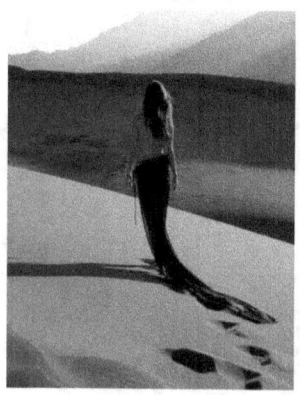

...
pecadora confessa
já marcada
se expressa
em vontade terrena
cujo prazer lhe deixa
envergonhada
pousando numa imagem
serena
confronto constante
pecado absolvição
que não consegue escolher
cuja alma se prontifica
e de asas fica
pronta a voar
não sabendo discernir
ainda atira
moeda ao ar

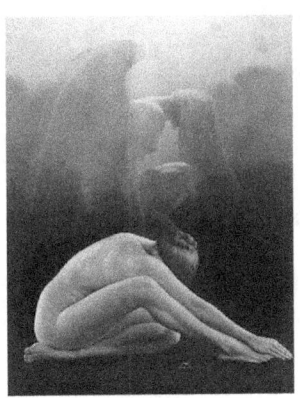

...
pedem-se silêncios
lugares sagrados
brincam sem medos
desejos recalcados
em quatro paredes
enclausurados
proibidos gemidos
aprisionados
não sejam ouvidos
corredores gelados
pois são proibidos
em conventos fechados

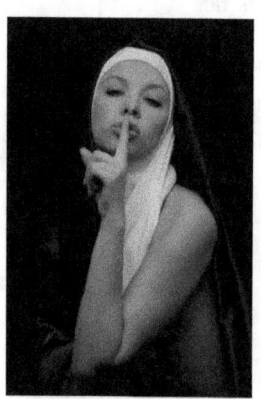

...
pele sedosa
botão de rosa
vestida de encarnada
de espinho despida
desliza suave
sem entrave
veludo que suaviza
soutien preto
regalo visível
traz sentido
imprevisível
sensações belas
expressão contida
fazem da sedução
autêntica veneração
promovendo-a ao maior
jogo da vida

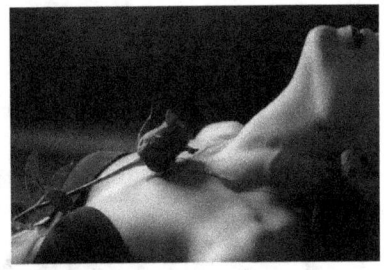

...
pena viajante
em corpo nu
desejo alucinante
prazer estonteante
que me dás
tu
arrepios sentidos
prolongamento corporal
estica o corpo
de forma tal
sensações perdidas
em sonhos sonhados
demais arrependidas
quando acordados
galinácea pele
num suave toque
que leva ao céu
em pleno reboque
de olhos fechados
livre pensamento
faz-nos atingir o clímax
num momento

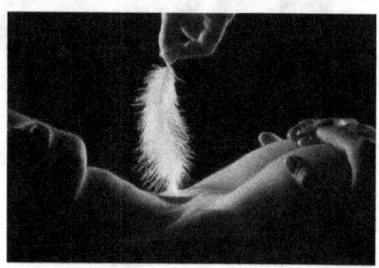

...
pianista despida
de roupas se liberta
cujas teclas acaricia
numa partitura incompleta
notas suaves se misturam
com claves estrondosas
demonstram na
música
o peso que carregam
os ossos
melancolia intercalada
com inquietudes presentes
se tocam na noite
com pavores eloquentes
numa busca constante
de uma verdade
perdida
toca no piano
como se tocasse
a vida

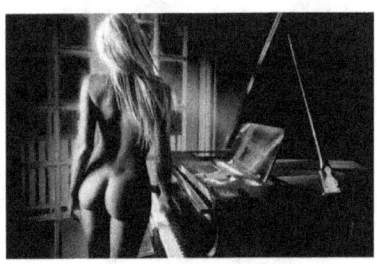

...
pinta a imaginação
o que os olhos não vêem
minha mente te despe
peça a peça
ainda que sejam poucas
as peças vestidas
pinto-te tal como
meu subconsciente te cria
pura e bela
cujos contornos
do teu corpo se encaixam
nas minhas mãos
nos meus sonhos te possuo
ainda que acordado
fantasio os momentos
que juntos
não partilhamos

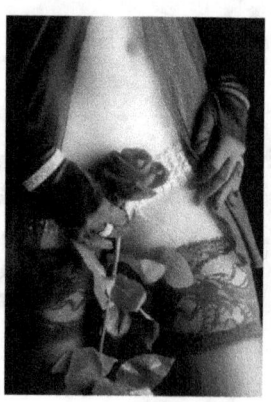

...
por apolo inspirada
musa encantada
violoncelo dedilha
levitando sobre as águas
exprime suas mágoas
enquanto busca ilha
sons arranca
numa melodia que encanta
sonância de marés
faz com que as vagas
morram a seus pés
vieram as sereias assistir
e no retribuir
ela aplausos recebeu
estando assim
transformada
dizem ser encarnada
na mitologia
de orfeu

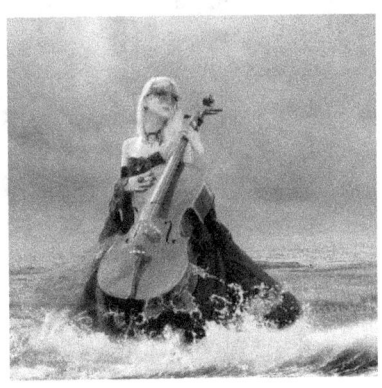

...
prazer estendido
consumido
pecado carnal
expressa maneira
num passeio colossal
descoberta de corpo
fenomenal
num lusco-fusco
de promessas feitas
que chamas ardentes
evitam maleitas
num desejo majestoso
desfazendo o sexo
dantes tido como se fosse algo
tenebroso

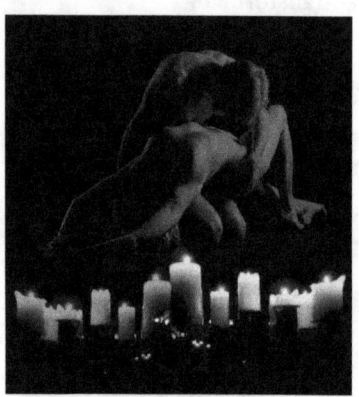

...
qual cascata
águas límpidas
desnudam e convidam
luxúrias inebriantes
envolvendo amores
esquecidos
qual prazer se eleva
por nuvens
criadas pela vaporização
dos nossos corpos
é ínsua paradisíaca
lugarejo propício
de sonhos imaginários
de taludas saídas
teu corpo
uma imensidão
prazer desenfreado
oásis pensante
de gotas saídas
das profundezas
terra amante
amada te tornas
e contigo carregas
um vulcão
imenso

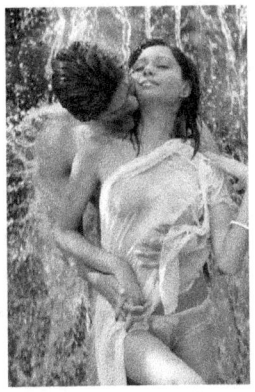

...
quero pintar-te
pintar teu corpo
sem cordões umbilicais
com a simétrica
das tuas curvas
e o ondular dos teus cabelos
quero pintar teu rosto
dos tons que trazes
porque os poetas
de tudo são capazes

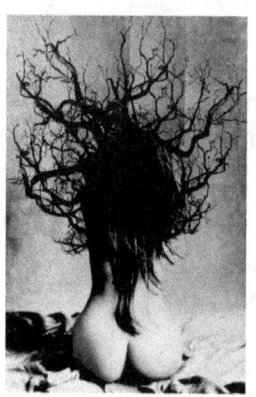

...
quero pisar teus sonhos
mesmo que de rosas
chão feito
tentar entre os espinhos
passá-los de qualquer jeito
mesmo que sangre dos pés
magoá-los de tão perfeitos
preparada já o és
numa túnica vestida
de branca alvenaria
que a pintada se ajeite
para deixar um coração
bordado a preceito

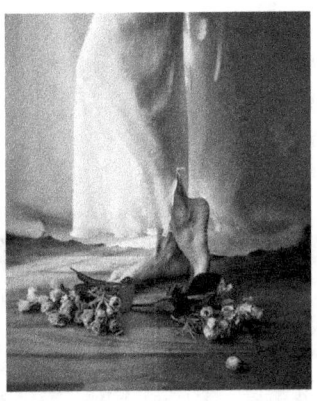

...
religiosidade marcada
num corpo presente
que se expõe sem nada
numa castidade latente
se oferece amada
na crença que sente
rejeita a vida regrada
para se fechar
em silêncio
prefere manter
boca calada
do que dizer o que sente
de costas simulada
recusa-se
mostrar de frente
porque vida sagrada
não se compadece
com a vida
da gente

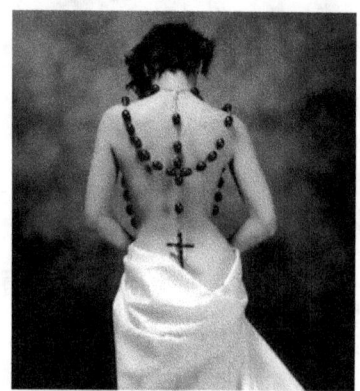

...
reza persistente
piáculo provado
ajoelha e sente
que para ser perdoado
corpo despido
deve ser em água benta
lavado
vida regrada
de sonhos desfeitos
ilusoriamente
perderem-se os jeitos
que o tempo passado
histórias marcou
enquanto tempo
é verbo conjugado
para poder ser olvidado
faça-se que o pecado
seja apagado
que neste ser
para sempre
marcou

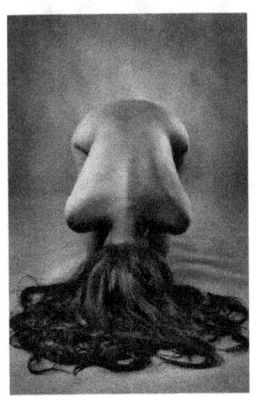

...
rosa atrevida
se deixa adormecida
em peito de mulher
flor em botão
perfeita união
deitada numa comba
qualquer
perfuma seios
de suaves cheiros
os deixam encantados
caule espinhoso
se mostra vaidoso
por picar peitos aveludados
cujos mamilos
se levantam parecendo
encantados

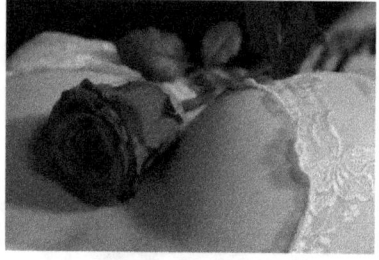

...
saliente está
feminilidade
na árvore contida
vida em erupção
ramos filhos feitos
presos para sempre
como se cordão umbilical
se tratasse
imponente se mostra
na altura
riqueza de madeira
nela contida
impossibilidade de se esconder
de um machado afiado
fura o espaço
na esperança de alcançar
uma nuvem
fazendo dela ponte de vigia
é seiva
o que dentro de nós
passeia

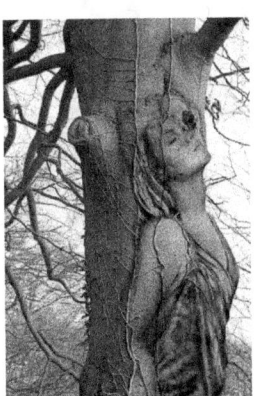

…
se escondem segredos
guardados a medos
por olhos vendados
se gostam e se amam
sexos igualados
que vistos a gázeos
serão sentenciados
como podem ser bem-aventurados
vivendo juntos
corpos equilibrados
se a censura
os quer queimados
que se soltam amarras
e que as pessoas deixam
de ser julgadas

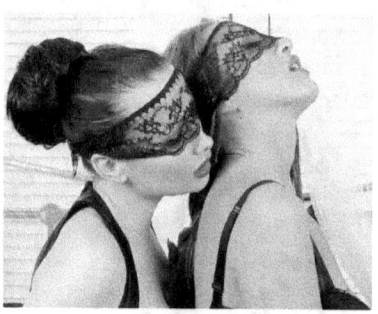

...
sedutora flor
em corpo desnudado
desliza suave
deixando o caminho
perfumado
bonina atrevida
que erotismo contém
deixa-a maluca
com este vai e vem
adorno que adorna
físico perfeito
dá-lhe arrepios
de um certo jeito
prazer não desses
das costas desaparecerias
não fosse esta a intenção
do jardim nunca sairias

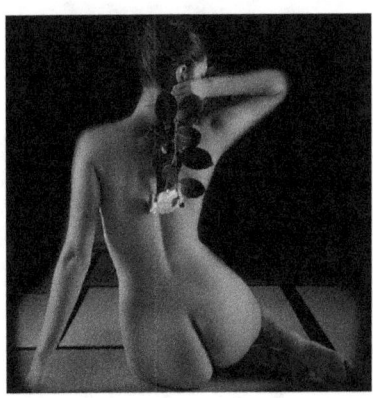

...
seja na parede retratada
uma imaginação bordada
sonho de uma criança
bailando na ponta dos pés
calcorreando de lés-a-lés
até onde a vista alcança
cuja fantasia mantem-se
coisa que não esquece
num bordado da saia
que da parede não caia
e a vontade não se esvaia
assim o desejo permaneça

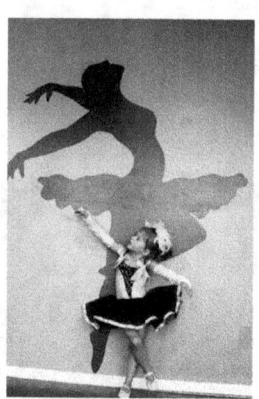

...
sejas assim
corpo perfeito
que apraz deleite
feito de alfenim
doce proibido
se quer apetecido
mesmo assim
que o pensamento
eleva o momento
sem pecados enfim
que sejamos absolvidos
por pensar-mos assim

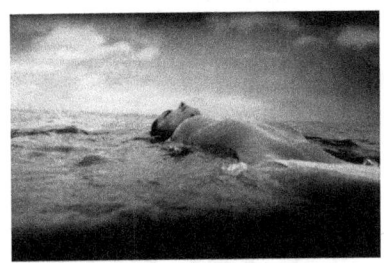

...
sonho de criança
numa só dança
no espelho se mira
pois ninguém lhe tira
o sonho que cresce
percurso de infância
dançarina se expressa
sem ter pressa
se acha graça
o tempo não passa
no espelho reflete
mulher se vê
não desconcerta
pois bailarina
assim se acha

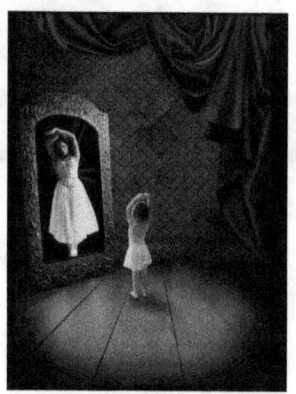

...
tivesse eu
o poder da palavra
escrita
para te escrever
um poema
a arte de poder
pintar-te
com um pincel
sem tinta
de te poder moldar
com minhas
próprias mãos
a magia de te fazer
levitar
cobrir e descobrir
tivesse eu o poder
de te poder
possuir

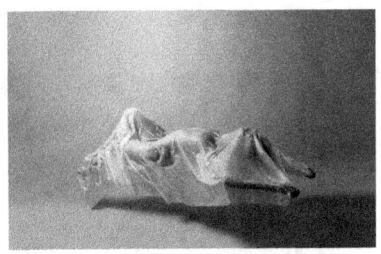

...
tristeza patente
desilusão assumida
fugiu das mãos
o que queria da vida
quebrou-se a corrente
de um amor ligado
nem tão pouco ausente
vislumbra-se acabado
o que parecia forte
até mesmo acorrentado
jogou-se a sorte
em número imaginado
agora só se sente
tudo enevoado
chora-se a morte
de um desejo
propagado
que há quem diga
ter sido
amaldiçoado

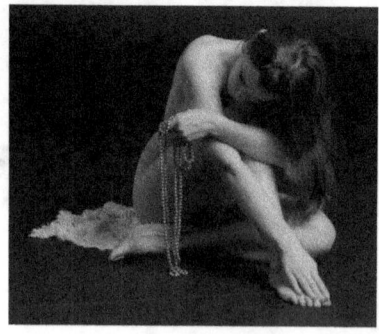

...
umbilical cortado
caminho pela frente
de peluche na mão
traz a única recordação
do passado
presente
futuro enevoado
como coisa desconhecida
incógnito se mostra
se luta se corre
por outra vida
sem tornar a cabeça
o que ficou esquece
de que serve voltar
para quem não
nos merece

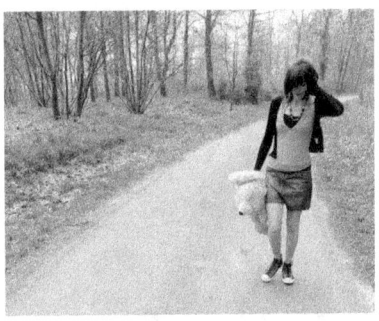

...
vestida de malha
de renda
às portas do paraíso
entre a maçã
e a serpente
tem tudo o que é preciso
para cair no pecado
com um largo sorriso
um corpo
assim moldado
no olimpo não pode entrar
porque as coisas belas
só na terra têm lugar
e o que é feito
para dar prazer
aqui tem que ficar

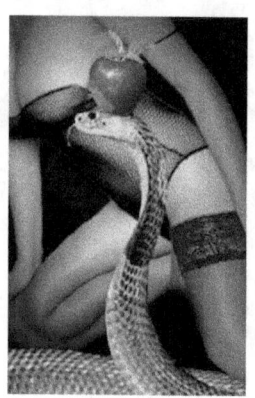

...
viúva chorosa
por demais formosa
beleza sonhada
veste de tule
luto declarado
negro sentido
pretexto de transparência
exibe corpo
esbelto e fugaz
põe-se bela
mostra-se airosa
outrora inocência
feminilidade traz
viúva feliz
não presta atenção
ao que o mundo
diz

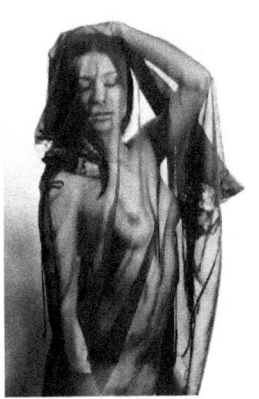

SOBRE LIVRO E AUTOR

Jorge Rui Machado da Ponte Morais nasceu a 26 de novembro de 1958, na ilha Terceira, Açores. O segundo de seis irmãos de uma família pobre, desde cedo desenvolveu o gosto pela poesia, tanto escrita como declamada. Por meados da década de 70 publica o seu primeiro poema no então jornal A União. Em 1974 faz parte de diversas correntes progressistas tendo sido um dos criadores de uma cooperativa livreira (a semente). Fez parte de diversos grupos teatrais incidindo mais no grupo CAIJ. Militante acérrimo de esquerda, participa ativamente nas manifestações do 1º de Maio e ingressa no movimento sindical. Em janeiro de 79 cumpre serviço militar obrigatório, sendo aí através da sua poesia um contestatário da obrigatoriedade do mesmo serviço. Em 80 casa-se e vai assentar raízes para a freguesia de S. Mateus da qual faz parte até à data.

Este terceiro livro é dedicado ao feminino, na sua essência.
Enquanto que no primeiro tentou dar uma mostra de diferentes inspirações, e o segundo esteve enraizado na ilha que o criou, este próximo explora sentimentos, emoções e todo o imaginário que permeia o assunto "mulher".

O autor deixa os mais profundos agradecimentos a Filipa Fagundes, a modelo que figura a capa do livro, bem como a Soraia Borges, fotógrafa e artista gráfica da mesma.

www.ingramcontent.com/pod-product-compliance
Lightning Source LLC
Chambersburg PA
CBHW070600220526
45467CB00003B/1257